QU'EST-CE QUE

LE COMMUNISME?

CE N'EST PAS LE PARTAGE.

Par GUARIN DE VITRY.

Réfutons, mais ne calomnions pas !

PRIX : 10 CENTIMES.

CHEZ TOUS LES LIBRAIRES.

Avril 1848.

Paris.—Imp. de E.-B. DELANCHY, faub. Montmartre, 11.

QU'EST-CE QUE

LE COMMUNISME ?

Le Communisme n'est pas la LOI AGRAIRE.

Le Communisme n'est pas la RÉPARTITION ÉGALITAIRE.

Si le Communisme était, ainsi que vous le dites, le partage égal des produits et du fonds producteur, de façon que chacun reçût sa petite parcelle de terre, sa petite part d'écus, d'outils, de denrées, de produits de toute espèce, le Communisme serait aussi absurde que monstrueux.

Ce serait la dissolution de la société.

Ce serait la misère universelle dans l'isolement universel.

Ce serait l'idéal du *chacun pour soi*, l'apogée de l'individualisme.

Si le Communisme était cela, vous ne sauriez trop le combattre, et je serais sur la brèche avec vous.

Malheureusement pour vous le Communisme est précisément le contraire, et ces absurdités que vous lui prêtez sont justement les conséquences extrêmes du système économique actuel, du soi-disant ordre social que vous défendez.

Il y a dans vos attaques ou insigne mauvaise foi ou insigne ignorance, choisissez !

Qu'est-ce donc que le Communisme ?

C'est l'association de toutes les forces productives, et non leur division.

C'est la concentration et non la dissémination de tous les éléments de la richesse.

C'est la réalisation de l'unité où toutes les virtualités convergent vers un seul but, le bien de tous.

C'est l'action sociale substituée à l'action individuelle, de façon que la masse agisse pour l'individu et l'individu pour la masse.

Ce n'est pas l'individualisme, c'est le socialisme, dont la devise est : *tous pour chacun, chacun pour tous !*

Loin de demander pour l'individu une part dans la terre et les capitaux, une propriété à lui, le Communisme nie à l'individu le droit de propriété, pour l'attribuer à la société seule.

Il prétend et il prouve que la cause de la misère est dans la dispersion des forces, dans l'isolement des producteurs, dans l'antagonisme des intérêts ;

— Que la société actuelle c'est le désordre, la complication, le chaos industriel et commercial ;

— Que la meilleure partie des ressources s'use dans la lutte, sur le champ de bataille de la concurrence anarchique, champ d'extermination où l'avantage reste au plus fort, où les gros capitaux écrasent les petits, où les capitaux écrasent les travailleurs, où les travailleurs, se pressant toujours plus nombreux et toujours plus affamés, se font l'horrible guerre des salaires au rabais ;

— Que le capital, l'instrument de travail, étant entre les mains d'une classe, cette classe exerce le privilége de vivre aux dépens des autres classes et de disposer à son gré de leur vie et de leur mort, en leur donnant ou leur refusant le travail ;

— Que là est la cause de la misère du plus grand nombre, de la gêne universelle, de la haine de tous contre tous.

Le Communisme prétend, et la crise actuelle le prouve, que le crédit, tant qu'il dépendra des individus, ne sera jamais qu'un château de cartes qu'un souffle d'enfant peut renverser ;

Que la société peut mourir de faim au sein de l'abondance, par l'engorgement, la non-circulation des produits, et que la circulation des produits ne pourra pas être assurée tant que le hasard des inspirations individuelles y présidera.

Il y a folie, dit le Communisme, à abandonner aux chances de la concurrence, aux folies et aux misères de l'action personnelle, la première des fonctions sociales, la fonction gouvernementale par excellence, celle d'assurer la vie à tous, en équilibrant, en régularisant la production et la consommation des richesses.

A l'État seul doit appartenir cette mission sacrée; c'est son premier devoir et sa première prérogative.

Lui seul, par une organisation administrative savante, peut connaître, dans chaque ordre de besoins, *la demande* de la nation.

Lui seul aussi peut, dans chaque ordre de besoins, apprécier les ressources de la nation, c'est-à-dire *l'offre* possible.

Lui seul donc peut équilibrer la production et la consommation, c'est-à-dire satisfaire tous les besoins en utilisant toutes les forces.

Le Communisme demande donc *qu'à l'État seul appartiennent tous les capitaux, tous les instruments de travail ;*

*Que l'État soit entrepreneur de toute culture, de toute
industrie, de tout commerce, en un mot de tout travail, de
tout emploi de l'activité humaine;*

Que l'individu, le travailleur, soit simplement *fonction-
naire*, non plus *salarié*, mais *associé;* participant à la richesse
générale, soit suivant ses besoins, en proportion de la pros-
périté sociale (c'est là l'idéal, moins éloigné de nous qu'on
ne le pense), soit suivant son concours, son apport dans le
fonds commun de la production (c'est ce qui serait réalisable
dès demain).

Nous n'avons pas la prétention de faire ici un cours de communisme. Nous voulons simplement, en exposant nos prin-
cipes généraux, prouver que le Communisme est un système
et même une science.

Nous laissons à nos détracteurs la responsabilité des niai-
series et des extravagances qu'ils nous imputent si gratuite-
ment, et l'on pourrait au besoin leur prouver que ces folies
sont au fond des doctrines qui défendent l'ordre économique
que nous attaquons.

Quel est, en effet, le dernier mot des systèmes décrépits
de l'économie politique Smith, Say, Malthus et compagnie,
sinon l'éparpillement, le morcellement, l'égalisation progressive des fortunes entre les mains des individus, c'est-à-dire
l'égalisation de l'impuissance et de la misère?

Nous répondrons quelques mots seulement à quatre objec-
tions fondamentales.

On nous accusera :

1° De donner trop d'extension à l'action gouvernementale;

2° De tuer la liberté en absorbant l'individu dans la masse ;

3° De tuer la concurrence, et avec elle le stimulant de la production ;

4° De rêver une répartition du travail et des produits impossible, la mesure des besoins et des ressources étant impossible.

PREMIÈRE OBJECTION.

Le Communisme donne trop d'extension à l'action gouvernementale.

Si la forme du gouvernement est la *monarchie* ou la *république oligarchique*, la *république constitutionnelle*, il est bon de se défier du pouvoir et de l'entourer d'entraves, parce qu'alors l'ordre social repose sur le privilége ; le gouvernement n'est pas autre chose qu'une citadelle élevée pour la défense du privilége, et les institutions n'ont nécessairement qu'un but : *l'organisation de l'exploitation de tous par quelques-uns.*

Alors, comme une classe vit aux dépens du reste de la nation, le véritable esprit des lois, *qu'elle fait seule*, est de fortifier cette classe, noblesse de sang ou noblesse d'écus, contre les justes réclamations des victimes de ses spoliations héréditaires.

Alors le gouvernement est l'ennemi du peuple, qui se garderait bien de lui confier la gestion intégrale de ses intérêts.

Mais si la forme gouvernementale est *la vraie république*, la république sincèrement démocratique, le pouvoir est nécessairement l'ami du peuple, car c'est le peuple se gouvernant lui-même par ses mandataires, élus dans tous les ordres de fonctions, mandataires toujours surveillés et toujours révocables.

Avec le gouvernement de tous par tous, il n'y a plus de priviléges possibles.

Alors le gouvernement n'est pas autre chose qu'une administration paternelle des affaires de tous au profit de tous, une providence sociale veillant sur tous, consacrant le droit de tous, et marchant sans relâche vers ce but sacré : LE BONHEUR UNIVERSEL.

Alors, étendre l'action du gouvernement c'est étendre ses bienfaits, c'est accroître pour l'individu la protection tutélaire de tous.

SECONDE OBJECTION.

Le Communisme tue la liberté en absorbant l'individu dans la masse.

Il est vrai que le Communisme tend à détruire les fausses libertés, celles qui ne s'exercent qu'en opprimant la liberté des autres.

La liberté sans la protection régulatrice de l'État, c'est la liberté pour le plus fort d'écraser le plus faible ; c'est le fait brutal intronisé à la place du droit.

Serait-ce donc détruire la liberté individuelle que de lui assigner pour limite la liberté d'autrui ?

Nous seuls assurons à l'individu la véritable liberté en assignant pour but à l'État d'écarter de plus en plus les obstacles qui entraveraient le développement de l'individualité humaine sous toutes ses faces, dans toutes ses activités.

Point de restriction à l'expansion de toute virtualité, si ce n'est de ne point nuire à l'essor d'une autre.

Notre devise n'est-elle pas la formule complète de la liberté ?

A CHACUN SUIVANT SES BESOINS, même suivant ses fantaisies, si la société est assez riche.

DE CHACUN SUIVANT SES FACULTÉS, c'est-à-dire suivant les vocations par lesquelles Dieu l'attire au travail.

Nous prétendons que tout homme naît destiné à une ou plusieurs fonctions ; que chaque individu est une pièce nécessaire à la grande mécanique sociale ; qu'il ne s'agit que d'en trouver l'emploi normal, et que les goûts de l'enfant sont les indices des aptitudes de l'homme. Nous ne pouvons ici développer l'organisation du travail dans la commune de l'avenir, mais nous affirmons que le travail fraternel, sans souci du lendemain, librement choisi et exécuté en réunions joyeuses d'associés sympathiques, sera plutôt un plaisir qu'un devoir.

Pour démonétiser l'organisation du travail, dont l'effet certain sera le retour graduel des fainéants à la production, les tartufes du jour réclament à grands cris LA LIBERTÉ DU TRAVAIL.

Il n'y a point de LIBERTÉ DE TRAVAIL *là où l'instrument de travail est approprié.*

Je ne suis pas libre de travailler s'il me faut d'abord aller trouver le détenteur du sol et des capitaux et subir sa loi.

Hors de l'appropriation, il n'y a pour l'humanité que deux

alternatives : ou la SAUVAGERIE, c'est-à-dire la nature brute, le chaos, où rien n'étant légalement à personne, tout devient la proie de la violence et de la ruse ; ou la COMMUNAUTÉ, c'est-à-dire la nature perfectionnée, l'humanité arrivée à l'ordre par l'éducation progressive des générations ; là tout est légalement à tous, et la distribution des charges et des bénéfices sociaux est faite suivant la loi, œuvre de tous, par l'État, élu de tous, et représentant fidèle de tous les intérêts.

Il y a long-temps qu'on l'a prouvé : l'ordre et la liberté sont solidaires.

La Communauté, c'est l'organisation scientifique de toutes les relations humaines, c'est l'ordre universel.

C'est donc la liberté universelle.

TROISIÈME OBJECTION.

Le Communisme tue la concurrence et avec elle le stimulant de la production.

Il est vrai que le Communisme anéantit la concurrence homicide, — *la concurrence du capital contre le capital,* — qui engloutit progressivement les petites fortunes dans les grandes, et qui force l'entrepreneur d'industrie à réduire de plus en plus les salaires, sans échapper lui-même à la ruine ; — *la concurrence du travail contre le travail,* — cause plus énergique encore de dépréciation pour le producteur. La multiplication des machines, l'accroissement de la population, les faillites, jettent sur le pavé des milliers de bras sans ouvrage. Où il faut un homme, vingt se présentent au rabais, et le salaire ne suffit même plus aux premiers besoins de l'ouvrier.

Oui, le Communisme détruit à jamais ces luttes fratricides ; mais il organise la véritable concurrence, l'émulation entre les travailleurs , la rivalité de zèle et de dévoûment pour le bien public.

Le point d'honneur n'est plus placé dans la destruction , mais dans la création des richesses.

La gloire n'est plus à la guerre, mais au travail.

Au champ du travail fraternel il y aura honneur et gloire pour l'énergie, pour l'adresse, pour la science, pour le génie, et la France, si jalouse de son renom militaire, ne se laissera pas plus éclipser dans les luttes pacifiques de l'avenir que dans les sanglantes mêlées du passé.

QUATRIÈME OBJECTION.

Le communisme rêve une répartition impossible, la mesure des besoins et des ressources étant impossible.

Cette objection, formidable au premier coup d'œil, s'évanouit en approfondissant l'organisme des sociétés à venir.

Que sera l'administration dans l'État, dans le département, le canton, la commune ?

Un *bureau de comptabilité* tenant le *grand livre*, où la *production* sera inscrite à l'*actif*, la *consommation* au *passif*.

Là s'enregistreront, non-seulement les *entrées* en magasins par la production, et les *sorties* par la consommation, mais encore, mais surtout, les ressources de la production pour l'avenir, *ou l'offre*, les besoins de la consommation pour l'avenir, *ou la demande.*

L'inventaire général étant fait, l'État stimulera la produc-ion, modèrera la consommation, *et vice versâ*, avec la préci-:ion, avec la justesse que lui assureront les renseignements :xacts et complets centralisés entre ses mains.

Qu'on ne s'effraie pas à l'idée de cette statistique immense. \ l'aide de l'organisation unitaire, hiérarchisée d'anneau en \nneau, de centre en centre, depuis le groupe de travailleurs lans l'atelier jusqu'au foyer central, la connaissance positive les ressources et des besoins de la nation sera plus facilement :t surtout plus sûrement obtenue que ne le sont aujourd'hui la épartition et la perception des impôts par nos mille adminis-:rations fiscales.

Habitués à toutes les turpitudes du passé, nous répugnons à :oncevoir des administrateurs de la fortune publique dont l'in-:égrité soit à la hauteur de fonctions aussi délicates.

Rappelons, d'abord, que dans la Communauté il n'y a plus le propriété individuelle, plus de capitalisation, plus d'accu-mulation de produits.

Il ne pourrait donc y avoir, au pis-aller, qu'accaparement le produits à leur profit, et il n'y aurait là qu'un mince incon-vénient; car s'ils ont outre-passé, dans leur demande, la me-sure de leurs besoins personnels, l'exagération de leur de-mande individuelle se retrouvera dans la demande générale, et par conséquent dans la commande faite par l'État à la produc-tion.

Mais pourquoi accaparer dans un système dont le jeu régu-lier assure la satisfaction de tous les besoins, non-seulement pour aujourd'hui, mais pour demain et toujours?

C'est impossible! s'écriera-t-on.

L'avenir prononcera.

Vous seriez effrayés vous-mêmes si vous saviez le petit nombre de travailleurs qui créent aujourd'hui une richesse réelle.

Nos millions de commerçants ne font que des déplacements stériles de produits, et comme ils vivent de ces promenades coûteuses de marchandises, les prix font, de main en main, la boule de neige avant d'arriver au consommateur.

L'avenir remplacera ces légions de parasites en organisant un entrepôt dans chaque commune et un service unitaire de transports.

L'organisation du travail par l'association centuplera la richesse :

1° En multipliant les producteurs par le retour des oisifs et des intermédiaires à la production ;

2° En supprimant tout travail inutile, toute production superflue ; en réalisant des économies de toute nature par l'introduction de l'ordre dans la manutention et la consommation ;

3° En multipliant les machines, esclaves dociles et robustes, fonctionnant au service de tous, et déchargeant l'humanité de tout travail pénible et rebutant ;

— Dès aujourd'hui la mécanique est en état de pourvoir à tous les besoins de l'homme.

Si le peuple y pensait, pourtant !

Maintenant les machines le tuent ; demain elles le nourriront, le vêtiront, le logeront, parce qu'elles travailleront à son profit. —

4° En fertilisant la terre par la culture scientifique et intégrale.

Un cinquième à peine de la terre est habité, et L'ON DIT QUE LA TERRE EST TROP PETITE !

La minime portion habitée est peu et mal cultivée. D'immenses terrains en friche déparent les pays agricoles les plus renommés. A l'ignorance, à la misère, est abandonnée la mère de toutes les industries, la productrice des denrées et des matières premières, L'AGRICULTURE, et l'on s'étonne que le peuple ait faim, ET L'ON DIT QUE LA TERRE N'EST PAS ASSEZ FÉCONDE POUR NOURRIR TOUS SES ENFANTS !

Cultivons-la, et nous verrons !

Si Dieu n'avait pas sagement combiné son œuvre, calculé les effets, le jeu de chaque ressort du mécanisme de l'univers, s'il nous avait donné des besoins hors de proportion avec la puissance créatrice de l'humanité et du globe, *Dieu serait un ingénieur bien maladroit.*

Il serait le plus féroce des tyrans, s'il nous avait lancés dans l'univers comme un vaisseau sans vivres en pleine mer, où l'équipage s'entre-tue pour s'entre-dévorer, parce que tous ont faim et qu'il n'y a à manger que pour quelques-uns.

Dieu, l'âme universelle, le foyer du monde, n'est ni féroce ni maladroit : il y a donc entre les besoins et les facultés une harmonie préétablie et réalisable par les efforts, non de l'individu, mais de l'humanité fraternellement associée.

Nous ne prétendons pas que tout désir de l'homme soit réalisable ici-bas. Non! Dieu a déposé en nous des aspirations éternelles, aimant invincible qui nous attire vers les sphères supérieures, afin que nous ne puissions jamais oublier que nous n'appartenons pas seulement à la terre, mais encore à l'univers, et que l'humanité ne s'isole pas dans un bonheur égoïste.

Mais ces aspirations ne sont pas des souffrances, et tout besoin *terrestre* a sa satisfaction possible *sur la terre.*

Autrement Dieu ne serait pas, et hors de Dieu, pivôt de l'ordre universel, que trouver, que chercher?

Nous pensons avoir prouvé que les Communistes ne demandent pas la loi agraire ;

Que l'idée de communauté exclut toute idée de partage ;

Que loin de détruire la propriété, nous consacrons le droit de propriété pour tous, pour l'humanité, en refusant qu'il soit un privilége exclusif entre les mains d'une fraction seulement de l'humanité ;

Que, loin d'être des anarchistes, nous sommes les hommes gouvernementaux par excellence, puisque nous attribuons à l'État l'intervention tutélaire et organisatrice en tout, par tout et pour tout ;

Que, loin de vouloir le désordre, nous voulons l'ordre universel ;

Que, loin d'être les ennemis de la chose publique, nous voulons le bonheur de tous, définitivement constitué, assuré, organisé ;

Que, loin d'aimer les révolutions, nous voulons une société où les révolutions seront impossibles, puisque tous les besoins seront satisfaits.

Appelez-nous des UTOPISTES et des FOUS, MAIS NE NOUS CA-
LOMNIEZ PLUS !

Utopistes !

Nous le sommes moins que vous qui voulez reconstruire
votre société qui croule, sur les bases mêmes qui l'ont fait
crouler ; moins que vous qui voulez fonder la société, c'est-à-
dire l'union des forces individuelles, sur la concurrence anarchique, sur la division, sur l'antagonisme des intérêts, c'est-
à-dire sur la *dissociété*.

Fous !

Nous acceptons l'épithète. Nous sommes en bonne compagnie après ces paroles de notre Béranger :

> Qui découvrit un nouveau monde ?
> Un fou qu'on raillait en tout lieu.
> Sur la croix, que son sang inonde,
> Un fou qui meurt nous lègue un Dieu !
> Si demain, oubliant d'éclore,
> Le jour manquait, eh bien ! demain
> Quelque fou trouverait encore
> Un flambeau pour le genre humain !

GUARIN DE VITRY.

26 avril 1848.